RÉPONSE

DE M. LE COMTE

DE PRÉCOURT,

Colonel d'Infanterie, Chevalier de l'Ordre Royal
& Militaire de Saint Louis;

AUX MÉMOIRES

DES SIEURS

D'ÉTIENVILLE, VAUCHER & LOQUE.

A PARIS,

CHEZ L. F. PRAULT, IMPRIMEUR DU ROI,
quai des Auguſtins, à l'Immortalité.

1 7 8 6.

RÉPONSE

DE M. LE COMTE

DE PRÉCOURT,

AUX MÉMOIRES

DES SIEURS

D'ÉTIENVILLE, VAUCHER & LOQUE.

Lorsqu'on voit que dans une partie des Mémoires offerts au Public, fous le fpécieux prétexte de l'inftruire & de l'établir pour juge, on ne lui vend que des productions hafardées, dont l'effet eft d'égarer par des fictions, & de furprendre l'opinion des Lecteurs, on ne fera point étonné que j'entreprenne de me défendre moi-même.

Mon expofé n'aura pas l'ordre & la marche des Mémoires ordinaires, ni les prétentions du ftyle; & on n'y trouvera pas les reffources de l'art.

Je ne fuis point Licencié; mon métier n'eft pas celui d'écrire. Je ne prétends point à l'efprit; mon vœu eft d'être

A ij

intelligible, d'expofer les faits avec candeur, & de mettre tout le monde à portée de juger ma conduite en connoiffance de caufe.

Il y a plus de 40 ans que je fuis au fervice militaire. J'ai l'honneur d'être Colonel & Chevalier de Saint-Louis: je me fuis trouvé à deux combats fur mer, à trois batailles, cinq fiéges, plus de vingt chocs ou rencontres ; & j'ai fait toute la derniere guerre civile en Pologne, où j'ai commandé (1).

Je fuis par conféquent d'un âge & d'un état à être circonfpect, & à connoître mes devoirs.

D'après cet aveu, & les preuves que nous lirons de mon attachement pour mes amis, on fera perfuadé que fi j'avois connu particuliérement le Baron de Fages avant le 16 Août dernier, fes malheurs ne feroient point un titre pour m'en défendre.

Mais n'ayant eu aucune liaifon avec lui que quatre mois après ce terme, j'en dois marquer précifément l'époque, pour que l'on ne confonde pas les faits qui me font étrangers, avec ceux qui peuvent m'appartenir.

Je me fuis retiré à la campagne il y a près de fept ans, & je demeure à Vineuil, parc de Chantilly.

Occupé dans ce hameau à planter mes fèves, fans renoncer à l'honneur de fervir ma patrie & de lui être utile, je vis avec mes voifins d'une maniere à mériter leur confiance & leur eftime, particuliérement avec la famille Paty

---

(1) L'état de mes différens fervices eft dépofé dans les archives du Bureau de la Guerre, à Verfailles.

d'Albiffy, qui tient une maifon confidérable dans le même lieu.

Je ne me fuis jamais permis de queftions indifcrettes fur les personnes qui viennent chez mes amis; & quoique le Baron de Fages ait demeuré pendant deux mois chez Madame d'Albiffy, je n'avois témoigné aucune curiofité fur fon perfonnel, ni fur fon mariage, préfenté alors dans le Public fous un tout autre afpeft que celui du jour.

La maîtreffe même de la maifon croyoit qu'il époufoit une ancienne inclination qui devoit lui faire les plus grands avantages.

J'ignorois donc abfolument jufqu'aux moindres détails de ce mariage, & la différence d'âge, d'occupations, de goûts & de projets nous avoient toujours éloignés M. le Baron de Fages & moi.

Je n'étois pas plus inftruit de fes moyens que de fes ref-fources; & les noms des fieurs d'Etienville, Vaucher, Loque & Bernard, m'étoient auffi inconnus que le mien pouvoit leur être ignoré.

Une Lettre fans date (1), écrite à M. de Fages, par le fieur d'Etienville, pour lui annoncer que Madame de Courville *l'a enlevé comme un corps Saint*,

Une autre nouvelle de la fouftraction du dédit de trente mille livres, retiré par le fieur d'Etienville du dépôt où il étoit,

Une enveloppe de Lettre, timbrée de Péronne, & furprife à l'agent du fieur de Bette,

---

(1) Elle fe trouve dans le premier Mémoire du Baron de Fages, page 16.

La préfomption qui réfultoit de cette découverte; que les fugitifs gagnoient le pays étranger; des avis, des réflexions & des détails affligeans qu'on lit dans le Mémoire de M. de Fages, alarmerent fes amis.

Madame d'Albiffy, cette femme précieufe qui honore l'humanité par fa vertu, par fa bienfaifance, connue & eftimée des Magiftrats comme de tout le pays qu'elle habite, fut la premiere à en concevoir de l'inquiétude. Elle affembla fa famille. On délibéra de me faire prier de paffer.

J'étois au lit malade. Je favois qu'on ne l'ignoroit pas; je jugeai donc que l'affaire étoit preffante : je me rendis auffi-tôt à l'invitation & fur l'expofé d'une partie des faits; mon avis fut de s'adreffer à Monfieur le Comte de Vergennes, pour obtenir un Paffe-port & une lettre de protection pour le Miniftre du Roi à Bruxelles, à l'effet d'y faire arrêter les fugitifs. Les freres de Madame Dalbiffy étoient malades. J'avois parlé d'un voyage projetté fur les frontieres du Braban & de la Hollande, qui n'avoit été différé que par ma maladie; on me pria donc de folliciter auprès du Miniftre le paffe-port & la lettre.

Par une fuite de l'attachement qu'on m'a connu pour feu M. Paty Dalbiffy, & que j'ai confervé à fa famille, je bravai le danger qu'il y avoit de me mettre en route avec la fievre & une extinction de voix; je partis pour Verfailles. Le Miniftre voulut connoître le projet du mariage & la nature du dédit, afin de faire marcher *enfemble, l'autorité & les loix.*

Mais j'étois alors fi peu inftruit des faits effentiels, qu'on trouve dans les Mémoires du Baron de Fages & du fieur d'Étienville, que je fus obligé de venir fur le champ à

Paris, prendre auprès de M. de Fages, les renseignemens que le Miniſtre m'avoit demandés ; & le même jour, je les portai à M. le Comte de Vergennes qui eut la bonté de me faire expédier les dépêches que j'avois ſollicitées.

Ma premiere démarche, dans cette étrange affaire, a donc eu pour objet le bien de la cauſe commune.

Les ſieurs Bernard, Vaucher & Loque, inſtruits de l'intérêt que j'y prenois, s'empreſſerent de ſe rendre chez moi ; ce fut à cette occaſion que je les vis pour la premiere fois.

S'étant fait connoître pour les Créanciers de Monſieur de Fages, & m'ayant peint leurs inquiétudes, je leur fis part des diſpoſitions du Miniſtre ; je leur montrai mon paſſe-port ; je leur annonçai mon départ avec le Baron de Fages qui alloit courir après le ſieur d'Étienville. Je fis plus, je propoſai à l'un d'eux de nous accompagner ; & voyant que je ne calmois qu'imparfaitement la crainte qu'ils avoient que le Baron de Fages ne revint pas avec moi en France, je leur offris de renvoyer mon paſſe-port au Miniſtre.

Ils parurent alors ſatisfaits de mon zèle, mais enſuite ils oſerent me croire capable de leur tendre un piége ; & ils furent clandeſtinement chez le Miniſtre & chez le Magiſtrat qui préſide à la Police, m'accuſer de vouloir favoriſer la fuite du Baron de Fages & l'enlevement des effets qu'ils lui avoient vendus. En me dénonçant ainſi comme complice d'un projet que M. de Fages n'avoit pas formé, ils ſupplierent le Miniſtre de révoquer l'ordre qu'il m'avoit donné.

Pendant que les Créanciers du Baron de Fages faiſoient

à mon infçu cette démarche perfide, je m'occupois à Viueuil, où j'étois revenu pour me rétablir ; à leur conferver deux malles de linge & d'habits ordinaires, & une caiffe d'habits de nôce, fufceptibles de leur être rendus. Ma fanté m'ayant enfin permis d'aller joindre le Baron de Fages à Pont Sainte-Maxence, j'y appris les efforts des fieurs Vaucher & Loque, pour faire prendre au Miniftre des impreffions défavorables fur mon compte. Je n'eus rien de plus preffé que de m'en juftifier, & j'écrivis la lettre fuivante.

MONSEIGNEUR,

» Vous connoiffez mes efpérances, vous n'ignorez pas
» le prix que je mets à l'honneur de votre protection, &
» vous favez combien j'en ai befoin dans l'exécution du projet
» que j'ai foumis à vos lumieres ; cela doit vous fuffire pour
» être convaincu, MONSEIGNEUR, que je fuis incapable de
» vous tromper ; & pour vous raffurer contre les affertions
» des Créanciers de Monfieur le Baron de Fages allarmés.

» Ma fortune, comme mon honneur, vous font garans
» que Monfieur de Fages n'emporte avec lui d'autre bijoux
» que fa montre & fa bague. J'ai pris à Vineuil, avant
» d'en partir, toutes les précautions néceffaires pour que deux
» malles pleines d'effets, & une caiffe d'habits de noces, riches,
» & qui n'ont jamais été portés foient gardés foigneufement
» chez Madame Dalbiffy, pour être rendus à notre retour, à
» ceux à qui ils appartiennent, & d'après vos ordres ».

» Je me fuis également affuré du retour de Monfieur de
» Fages en France avec moi, par le billet fuivant :

» Je

» Je donne ma parole d'honneur à M. Duhamel, Comte
» de Précourt, Colonel d'Infanterie & Chevalier de Saint-
» Louis, de revenir en France avec lui, comme il l'a
» promis en mon nom, à M. le Comte de Vergennes, dé-
» clarant renoncer à tout privilége, droit de franchife &
» d'afyle chez l'étranger, par cet écrit, dont Monfieur de
» Précourt pourra faire tel ufage que de raifon contre moi,
» fi je pouvois m'oublier au point de l'obliger de s'en
» fervir. *Signé*, le Baron de F AGES ».

« Je vous promets donc, MONSEIGNEUR, de vous
» préfenter à mon retour M. le Baron de Fages, pour
» vous prouver combien les allarmes de fes créanciers étoient
» mal fondées & leur accufation fauffe. . . . . »
J'ai l'honneur d'être avec refpect, &c...

L'autre billet, qui avoit pour objet la fûreté de deux
malles & de la caiffe d'habits, reftées entre les mains de
Madame d'Albiffy, dont j'avois une reconnoiffance, étoit
conçu en ces termes :
« Je déclare & confens que les deux malles pleines
» d'habits, de linge & autres effets m'appartenans, &
» une caiffe d'habits de noces & riches, que je n'ai jamais
» portés, reftés en dépôt au hameau de Vineuil, chez
» Madame Paty d'Albiffy, demeure à fa garde, jufqu'à
» notre retour en France, pour enfuite en faire l'ufage au-
» quel M. de Précourt s'eft obligé par fa lettre d'aujourd'hui,
» auprès de M. le Comte de Vergennes. A Pont Sainte-
» Maxence, le 24 Août 1785. *Signé* LE BARON DE FAGES.»
Ce billet qui n'eft que le titre confirmatif du pouvoir que

le Baron de Fages m'avoit donné , de raffembler fes différens effets pour être rendus aux propriétaires , ne peut être fufceptible de contradiction.

Il a été communiqué au Procureur-Fifcal du lieu , & à l'Huiffier qui eft venu former oppofition fur les mêmes effets, au nom des propriétaires , lorfque nous étions encore en Flandres.

Je laiffe à toute ame honnête , à juger fi ma conduite , foumife au Miniftre , qui m'expofoit à toute la févérité de fa juftice , fi j'euffe été capable de le tromper ; n'eft pas celle d'un hommme d'honneur.

Arrivé à Bruxelles , je remis à M. Hirfinger , chargé des affaires de France , les dépêches du Miniftre.

Par ces inftructions , je n'étois point chargé de la recherche du fieur d'Étienville , ni de celle de la prétendue dame de Courville , non plus que de leur retour en France.

M. le Comte de Vergennes mandoit au contraire , à M. Hirfinger , ,,de s'adreffer au Miniftre & aux Magiftrats ,, Autrichiens, pour s'affurer de ces deux perfonnes , de leurs ,, effets & de leurs papiers ; & le cas arrivant, de l'en inftruire ,, auffi-tôt ,,.

Nous allons voir dans un inftant, le véritable motif qui a fait revenir le fieur d'Étienville à Paris avec nous , & l'on pourra s'affurer , s'il m'a été poffible de me comporter à fon égard , autrement que je l'ai fait.

J'ai dit ci-devant , que j'avois un voyage à faire fur les frontieres d'Hollande. Après avoir rempli mon objet , qui n'étoit nullement relatif au fieur d'Étienville , je fus follicité par M. le Baron de Fages ; de l'accompagner à Saint-Omer, lieu de la naiſſance du ſieur Bette d'Étienville, où il pouroit prendre des informations ſur ſa ſolvabilité.

Moins ſatisfaits de ce que nous apprîmes à Saint-Omer ſur la fortune du ſieur d'Étienville, que de l'eſpoir qu'on nous donna de le trouver à Dunkerque, nous partîmes dès le lendemain matin, pour aller le joindre.

Pendant que M. de Fages & ſon laquais, cherchoient à Dunkerque le ſieur d'Étienville, j'allai chez M. de Chaulieu, Commandant pour le Roi, pour lui faire connoître l'objet de notre voyage; & les ordres qu'il crut devoir donner, furent ſi précis, que la ſentinelle fut poſée à la porte de notre chambre, auſſitôt que le ſieur d'Étienville y entra.

Ce fut là que le ſieur d'Étienville, après un entretien très-vif, pendant lequel j'ai gardé la plus parfaite neutralité, demanda lui-même à venir à Paris pour juſtifier ſa conduite en préſence des perſonnes qu'il diſoit l'avoir employé dans la négociation du mariage projetté ; & pour ne nous laiſſer aucun doute ſur ſa bonne volonté, il nous en donna l'aſſurance par écrit, en nous remettant ſes papiers. Cette déclaration exiſte, & eſt dépoſée au Greffe de la Cour.

J'informai M. de Chaulieu de ce qui ſe paſſoit ; la ſentinelle fut relevée, & nous partîmes le lendemain pour Lille.

La diligence de Dunkerque à Lille, arrive le même jour.

Le dimanche qui étoit le lendemain de notre départ de Dunkerque, nous fûmes obligés de ſéjourner à Lille, la voiture pour Paris ne partant que le lundi.

Pendant notre ſéjour, nous n'eûmes qu'une même chambre & la même table d'hôte.

Nous fûmes avec le ſieur d'Étienville voir la citadelle ;

nous affiſtâmes à la revue de l'Inſpecteur & aux évolutions des troupes, & nous nous promenâmes autour de la ville.

Le ſieur d'Étienville reçut librement les différentes viſites qu'on lui fit.

Cette extrême liberté qui proteſte contre les vexations effrayantes dont s'eſt plaint le ſieur d'Étienville, dans ſes deux premiers Mémoires , manqua de lui être funeſte & de le faire écrouer par différens créanciers, dans les priſons de Lille.

En effet, au moment que la diligence alloit ſortir des portes de Lille , il ſurvint un créancier nommé Minet, qui ſe préſenta avec un Huiſſier & la garde militaire, pour arrêter le ſieur d'Étienville, en vertu du privilège particulier de cette Ville.

Il étoit important d'arrêter avec prudence cette entrepriſe : j'oppoſai donc aux droits de la ville , la réclamation du Gouvernement.

Je requis l'Officier de garde qui avoit donné main-forte à l'Huiſſier, de retenir le ſieur d'Étienville juſqu'à ce que le Commandant en chef eût jugé en connoiſſance de cauſe ; & comme le devoir du Général exigeoit des éclairciſſemens, d'Étienville fut arrêté, par ſon ordre, pour la ſûreté réciproque des réclamans , & conduit à la priſon Saint-Pierre.

Ma réquiſition auprès de l'Officier de garde, que l'Huiſſier avoit armé ; mes démarches auprès du Général pour le maintien des droits du Gouvernement ; la ſageſſe avec laquelle ce Général ſe comporta , ſont cependant ce que les ſieurs Vaucher & Loque appellent *ſoulever le pouvoir mi-*

litaire contre le civil. Ne pourrois-je pas leur dire au contraire que ce font eux qui cherchent à foulever le civil contre le militaire, en femant dans leurs écrits l'ivraie de la difcorde fous des fleurs de Réthorique.

Le Général, après avoir reçu les informations qu'il attendoit, me dit que je pouvois continuer ma route avec le fieur d'Étienville.

Il vint donc d'un bout de la ville où il étoit, à la porte qui eft à l'autre extrêmité, & par où paffe à quatre heures du matin, la diligence de Lille pour Paris.

Il dut préférer d'attendre la voiture dans la chambre de l'Officier de garde, au rifque de la manquer encore par un nouvel événement.

Je dois obferver qu'il y avoit neuf perfonnes avec nous dans la diligence, & que nous mangions tous à la même table.

Que cette voiture n'arrête en route de Lille à Paris, que deux heures à Péronne, & le tems néceffaire pour prendre les repas.

Que le fieur d'Étienville dife donc, de quelle manière & où j'ai pu exercer contre lui les vexations dont il parle dans fon premier mémoire.

Eft-ce dans la diligence? Eft-ce à table?

Je lui oppoferai dans l'un & l'autre cas, le témoignage de deux Officiers de Dragons, du Colonel général, Meffieurs de Sainte-Suzanne, Chevalier de Saint-Louis ; & de Lamarre. J'en appellerai également aux femmes qu'il a fçu amufer pendant le voyage, par fes ariettes & par fes chanfons.

Arrivé à Paris, je fus à Verfailles prendre les ordres de

M. le Comte de Vergennes , fur le Baron de Fages & fur le fieur d'Étienville.

Les chofes étoient changées depuis mon départ. Ce Miniftre, toujours prudent, me dit: qu'*il ne vouloit ni ne pouvoit plus fe mêler de cette affaire ; que Monfieur de Fages, de retour en France, pouvoit s'adreffer aux Tribunaux qui lui étoient ouverts , ou à la Police, pour y obtenir juftice.*

Je crus alors devoir m'adreffer perfonnellement à M. le Lieutenant-Général de Police. J'avois befoin , pour moi , de fes lumières.

Après lui avoir remis, dans l'audience qu'il voulut bien m'accorder, un mémoire circonftancié de l'affaire du Baron de Fages, étayé de preuves ; un hiftorique écrit de la main du fieur d'Étienville ; fa déclaration par laquelle il confent à venir volontairement à Paris avec nous ; ce Magiftrat me demanda ce que je projettois faire de lui.

J'eus l'honneur de lui répondre que je le priois de confidérer ma miffion volontaire , les motifs qui m'avoient déterminé, les circonftances qui s'étoient préfentées , & la différence de mon état, à celui d'un Officier de fûreté : que d'ailleurs le fieur d'Étienville étant fur les lieux, libre, mais obfervé , pourroit peut-être contribuer à découvrir des chofes importantes fur l'intrigue dont il fe difoit l'agent fubalterne ; qu'au furplus, n'étant pas fa partie, je ne pouvois rien me permettre contre lui.

Monfieur de Crofne, parfaitement d'accord fur les principes que je lui foumettois, me dit que j'avois raifon ; & je pris congé de lui.

Toute autre verſion ſur cette entrevue, eſt auſſi fauſſe que celle qu'on me prête ſur le prétendu conſeil que ce Magiſtrat a du me donner, de loger au Temple le Baron de Fages & le ſieur d'Étienville. Je le répète, c'eſt une calomnie, c'eſt un menſonge abſurde; & je ne l'ai pas dit.

Je n'ai pu donner ce conſeil. Si j'ai répondu, quand on m'a parlé de cet aſyle, que je croyois qu'il étoit ſûr contre l'exécution des Sentences des Conſuls, c'eſt tout ce que j'ai pu me permettre.

Dès les premiers jours que le Baron de Fages à été au Temple, je lui ai donné un Avocat pour Conſeil : & je lui ai procuré pluſieurs conférences avec M. le Commiſſaire du Lary.

Les motifs qui ont pu déterminer M. de Fages a conſerver auprès de lui le ſieur d'Étienville, plutôt que de ſuivre ſa plainte, ne ſont peut-être pas ſans fondement ; mais ils me ſont étrangers. Ils lui appartiennent, c'eſt à lui à les juſtifier.

J'ai des preuves teſtimoniales & par écrit, que le fait n'eſt ni mon ouvrage ni mon avis.

Je n'ai plus qu'un mot à dire pour ce qui me concerne.

Je ſuis vrai, & je conviens que le ſieur d'Étienville m'a remis vingt louis & deux montres, qu'il me pria de rendre au Baron de Fages : je l'ai fait.

Voici la reconnoiſſance des deux montres :

» Je reconnois avoir reçu de M. le Comte Duhamel de
» Précourt les deux montres d'or, dont une avec une
» chaîne ; venant du ſieur Vaucher, Horloger, & que le

» fieur Bette d'Étienville lui a remis à Lille, pour qu'elles
» foient remifes à ma difpofition ».

» Fait à Paris, le 30 Septembre 1785, *Signé* le Baron
» de Fages.

Quant aux vingt louis, le fieur d'Étienville les pré-
fente comme ayant été dépenfés fur la route, & il remarque
à ce fujet, page 6 de fon fecond Mémoire, « qu'il eft peut-
» être le premier homme à qui il eft arrivé de fournir de
» l'argent aux perfonnes qui l'arrêtent, & qui ait payé les
» frais d'un voyage qui ne lui préfentoit que la perfpective
» d'un avenir fort malheureux ».

Pour détruire cette affertion, j'obferverai d'abord que
la veille de le rejoindre à Dunkerque, nous avons reçu à
Saint-Omer, un mandat fur la caiffe du régiment de Royal-
des-Vaiffeaux, qui nous fut payé à vue par le Quartier-
Maître. Nous ne manquions donc point d'argent, & la
plaifanterie du fieur d'Etienville porte à faux. Mais parlons
plus férieufement. Des vingt louis, il en a été remis fix au
fieur d'Etienville, qui s'en eft fervi dans fes befoins & pour
faire les libéralités dont il parle dans fon Mémoire, lorfqu'on l'appelloit, *mon Prince, Monfeigneur.* Les autres quatorze font paffés à la difpofition de M. de Fages, ainfi que
le conftate encore fa reconnoiffance :

« Je reconnois avoir reçu de M. le Comte de Précourt
» quatorze louis, reftant des vingt que le fieur d'Etien-
» ville l'a prié de me remettre, lorfqu'il fut arrêté à Lille
» par fes créanciers. A Paris, ce 30 Septembre 1785.

Signé, le B. DE FAGES.

RÉSUMÉ.

RÉSUMÉ.

Il réfulte de cet expofé la preuve, que ne connoiffant point le Baron de Fages avant la fuite de Bette d'Etienville, je n'ai pu avoir aucune part à l'intrigue du mariage.

Que je n'ai pu avoir aucune connoiffance des achats de bijoux , que quatre mois après que l'acquifition en a été faite.

Que ma premiere démarche dans cette étrange affaire eft l'effet de la follicitation de mes voifins, & comme je l'ai déja dit, le defir d'obliger la veuve refpectable d'un homme qui avoit été mon ami.

Que je n'ai rien fait qu'après avoir pris les ordres du Miniftre & des Commandans pour le Roi dans les places.

Auffi le fieur d'Etienville, dans fon dernier Mémoire, page 12, déclare-t-il, qu'inftruit de l'ordre du Roi, il n'a plus de reproche à me faire.

Que ma conduite dans la recherche du fieur d'Étien-ville ne pouvoit être avantageufe au Baron de Fages fans l'être également à fes créanciers.

Que loin de fouftraire leurs débiteurs, ils font revenus avec moi l'un & l'autre dans la capitale.

Que n'ayant aucune action contre d'Étienville, n'étant pas fa partie ; après l'avoir annoncé au Miniftre dont je tenois l'ordre, au Magiftrat inftruit du délit, qui avoit reçu la plainte des fieurs Loque & Vaucher ; il n'étoit plus en mon pouvoir de rien faire contre lui fans paffion & fans injuftice.

Que le prétendu confeil de M. le Lieutenant-Général

C

de Police, de loger ces Meſſieurs au Temple, s'il étoit vrai, feroit même une preuve complette que le ſieur d'Étienville ne s'eſt réfugié dans cet aſyle qu'après avoir été ſoumis au pouvoir de l'Adminiſtration.

Que par le fait comme par les conſéquences qui s'en ſont ſuivies, ma conduite réclame contre toute eſpece de vexation & de protection envers le ſieur d'Étienville.

Les reproches qu'on s'eſt permis contre moi ſont donc auſſi mal fondés qu'injurieux.

Je vais diſcuter maintenant ce qui concerne les ſieurs Vaucher & Loque.

SECONDE PARTIE.

On ſe rappelle, qu'avant de partir pour les Pays-Bas, je m'étois occupé du ſoin d'aſſurer la conſervation de pluſieurs malles remplies d'effets qui pouvoient être rendus aux Marchands.

De retour à Paris, j'étois déterminé à ne plus m'intéreſſer pour eux, juſtement indigné de leurs procédés ; & Vaucher s'étant introduit chez moi, je lui marquai de l'émotion en le voyant.

Il me demanda ſi je ne le remettois pas, je lui répondis que c'étoit préciſément parce que je le reconnoiſſois que je le trouvois bien oſé de venir chez moi, après les infâmes propos qu'il s'étoit permis.

Il les déſavoua avec ſerment. Il m'offrit de recourir aux preuves, & il finit par me prier de m'intéreſſer auprès du Baron de Fages, pour lui obtenir une montre & les reconnoiſſances du Mont-de-Piété qu'il devoit avoir

J'étois piqué. Je ne promis rien & il s'en fut.

Si le fieur Vaucher pouvoit nier cette fcene, je lui oppoferois le témoignage de deux perfonnes fous les yeux defquelles elle s'eft paffée.

Le fieur Vaucher ne fe rebuta point ; il revint deux jours après avec le fieur Loque.

Celui-ci m'expofa que , chef d'une nombreufe famille , à la tête d'un commerce naiffant , il étoit au moment de périr fi on ne venoit à fon fecours. Je convins que je fus touché & que je leur promis mes bons offices auprès de M. de Fages.

Les prétentions de ces deux Marchands étoit alors d'obtenir cinq reconnoiffances du Mont-de-Piété , par lefquelles des marchandifes vendues par eux onze mille livres , avoient été engagées pour mille écus qu'ils confentoient de rembourfer pour retirer leurs effets. Ils demandoient encore une bague & une montre qu'ils favoient à la difpofition de M. de Fages.

La réclamation me paroiffant jufte , je m'en chargeai.

Je courus au Temple le même jour voir M. le Baron de Fages. Je ne changerai rien au difcours que je lui tins ; je lui dis, il n'y a point de honte d'être dupe, mais il eft honteux d'être un fripon ; & ce feroit l'être de vous refufer à la demande qu'on vous fait ; alors je lui expliquai la vifite motivée de fes Créanciers. M. de Fages m'objecta qu'ayant eu au mois d'Avril un befoin urgent d'une fomme de huit mille fix cens livres , le Mont-de-Piété prêtant peu , fon fondé de procuration avoit été obligé pour lui fournir cette fomme, de recourir à un tiers & de vendre à *reméré* les reconnoiffances du Mont-de-Piété, avec les marchandifes qui étoient à fon pouvoir à cette époque, & fous la peine de perdre ces effets s'ils n'étoient pas retirés avant le terme fatal.

Il m'apprit en même-tems que Madame Pati Dalbiffy, pour prévenir une vente onéreufe qui feroit faite au terme échéant le 24 Juin, faute par lui de pouvoir remplir fon engagement, cette Dame avoit eu la générofité de fournir les deniers néceffaires pour retirer les bijoux & les reconnoiffances. Il m'ajouta qu'il ne doutoit pas un inftant que Madame Dalbiffy ne fe fît un mérite de les rendre aux Créanciers pour les huit mille fix cens livres qu'elle avoit données.

Cette propofition du Baron de Fages, de rendre les huit mille fix cens livres débourfées par Madame Dalbiffy, pour retirer les effets & reconnoiffances qui, d'après les factures devoient procurer aux fournifleurs une rentrée de près de dix-fept mille livres leur étoit avantageufe fans doute; mais il dépendoit d'eux de l'accepter ou de laiffer les chofes dans l'état où elles étoient. Ils avoient devers eux les lettres de change du Baron de Fages; je n'avois aucun intérêt à cette négociation. Je crus donc devoir avant d'aller trouver Madame Dalbiffy, foumettre au calcul des fieurs Vaucher & Loque la propofition de M. de Fages.

Lorfqu'ils l'eurent acceptée, il ne fut plus queftion que de faire paffer les effets des mains de Madame Dalbiffy dans les miennes, pour leur conftater l'état où ils étoient & pour les leur rendre.

Cette Dame ne s'y refufa pas ; Mais effrayée par la tournure que prenoit le prétendu mariage, dont elle ignoroit l'origine, & craignant de se trouver inculpée dans une affaire plus grave, qui sembloit y avoir quelque rapport, elle exigea que je paroîtrois avoir accepté d'elle les marchandises & les reconnoissances ; que j'en traiterois en mon nom , & que je lui ferois parvenir les huit mille six cens livres qu'elle avoit avancées, ce dont je donnai ma parole d'honneur.

Voilà les vrais motifs de l'acte que j'ai passé le 18 Octobre avec les sieurs Loque & Vaucher, & dans lequel il est dit que les effets m'ont été vendus. On n'exigera pas sans doute que je rapporte un acte authentique de ce qui s'est passé dans une négociation qui n'avoit pour objet que d'obliger, & dans laquelle il étoit indifférent à ces deux Marchands de savoir à quel titre les effets étoient en ma disposition, pourvu qu'ils leur fussent remis aux conditions qu'ils avoient agréés.

Tout ce qu'on peut demander en pareil cas est de faire attester par Madame Dalbissy la vérité du fait que je présente aux Magistrats & au Public.

J'ai déjà la preuve que les quatre mille livres que j'ai reçues lui ont été remises trois jours après le paiement qui m'en a été fait par les sieurs Vaucher & Loque (1).

J'aurois également remis les quatre mille six cens livres qui devoient m'être payées par les sieurs Loque & Vaucher, dès que le paiement m'en auroit été fait, & comme il peut m'arriver quelqu'accident fâcheux, j'en ai donné mon billet.

Ce n'est donc ni au bénéfice de Monsieur de Fages ni au mien que la négociation s'est faite ; & afin qu'il ne reste aucun nuage sur un point qui intéresse si fort mon honneur & ma délicatesse, j'épuiserai toutes les voies de droit nécessaires

____

(1) Voyez la quittance, aux Pieces justificatives. N° 6.

pour en fixer la certitude. Si l'affirmation de Madame Dalbiffy venue au fecours de ma quittance & de mes engagemens avec elle étoit infuffifante, je ferois entendre des témoins refpectables qui ont eu connoiffance des faits.

Devenu donc l'homme de la chofe, en la maniere que je viens de l'expliquer, eft-il étonnant que de retour à Paris j'aye montré à découvert des objets qui faifoient le fujet du traité ?

Cependant on s'écrie ici : » les fieurs Vaucher & Loque » refterent ftupides d'étonnement & d'indignation ; le fieur » de Précourt développa dans un mouchoir tous les effets » raffemblés ».

Quelle figure de réthorique ! il falloit bien les envelopper pour les apporter, & il étoit impoffible d'en vérifier le nombre & la valeur fans les voir.

Si quelque chofe eût pu émouvoir, ç'auroit été fans doute la propofition de folder fans vérifier l'état & le nombre des objets attendus.

Après l'examen de chaque Piece, & la repréfentation des cinq reconnoiffances du Mont-de-Piété, les fieurs Loque & Vaucher au lieu de réalifer les huit mille fix cens livres, feignirent de ne pouvoir donner que quatre mille livres comptant.

L'affaire ne pouvant donc pas fe confommer en entier, il fallut foufcrire un titre qui pût faire la fûreté réciproque ; mais les difpofitions n'étant pas les mêmes du côté de la bonne-foi, on n'omit rien pour m'induire en erreur.

C'eft ce qui donna lieu à l'acte fuivant, fait double entre nous.

« J'ai fouffigné & reconnois m'être obligé par le préfent » écrit, envers MM. Vaucher & Loque, de leur remettre à

» la premiere réquisition qui m'en sera faite de leur part, les
» effets ci-dessous énoncés dans la facture que j'ai signée ;
» effets qui m'ont été vendus, & que je veux bien leur
» rendre pour les obliger, au prix que je les ai achetés. »

EFFETS RESTANS.

» Une montre à répétition enrichie de diamans, fond
» bleu, étoiles de brillans, avec sa chaîne
» d'or, ensemble, ... 3574 liv.

» Une montre à répétition, boëte à l'an-
» gloise, avec sa chaîne d'or, ensemble, 972

» Une montre enrichie de deux rangs de
» perles fines, fond bleu, étoiles d'or,
» avec sa chaîne d'or, ensemble, ... 850

» Une montre unie, avec les aiguilles
» garnies en diamans, avec sa chaîne d'or,
» ensemble, ... 696

» Une montre à secret, avec un double
» rang de perles, ... 600

» Une montre en chiffres arabes, avec
» sa chaîne d'or, ensemble, , ... 650

» Une montre émaillée de bleu, bordure
» fond blanc, à roue de rencontre, avec
» sa chaîne émaillée de bleu & perles
» fines, ... 732

» Une montre gorge de pigeon, avec
» deux rangs de perles, ... 550

» Faisant en tout la somme de . . . . . 8624 liv.

24

» _Sur laquelle fomme il me reste dû_   4600 liv.
» Pour folde du préfent compte, ayant
» reçu de MM. Vaucher & Loque . . .   4000
» Ce qu'ils ont figné comme véritable, à Paris, ce 19
» Octobre 1785. _Signé les Freres_ VAUCHER, LOQUE ».

Dans le même inftant, j'ai remis au fieur Loque les reconnoiffances du Mont-de-Piété, repréfentatives des marchandifes par lui fournies, & il m'en donna le récépiffé en ces termes :

« Je reconnois pareillement avoir reçu cinq reconnoiffances
» du Mont-de-Piété, dont je ferai compte des effets lorf-
» qu'ils feront retirés, à M. Duhamel, à la décharge de
» la créance de M. de Fages ».

Signé LOQUE.

Dans le même moment encore, je rendis aux fieurs Loque & Vaucher, tous les bijoux que j'avois retirés, tant du Baron de Fages, que des perfonnes auxquelles il les avoit donnés comme préfens de nôces; en quoi j'ai compris une chaîne de montre qu'il m'avoit donnée au retour des Pays-Bas, & une montre que j'ai rachetée de mes propres deniers, pour la leur rendre, comme le conftate le reçu ci-après, du fieur Chevalier, Orfevre, fur le pont au Change, à la Croix de Chevalier.

« J'ai reçu de M. le Chevalier de Précourt, la fomme
» de quatorze louis, pour le montant d'une chaîne & une
» montre d'or au nom de Vaucher, Horloger, que j'avois
» achetée de M. le Baron de Fages, pareille fomme que je
» lui ai comptée, & même prix à laquelle je la cede à

M. de

» M. de Précourt pour l'obliger. A Paris, le 18 Octobre
» 1785 ». *Signé* CHEVALIER.

Ces derniers objets montant ensemble à cinq mille huit
cens cinquante cinq livres, furent rendus en outre aux
fieurs Loque & Vaucher, à valoir fur la créance de M. de
Fages, comme l'exprime la reconnoiffance fuivante :

« Nous reconnoiffons avoir reçu de M. le Comte de
» Précourt, les effets ci-deffous énoncés, *à valoir* fur les
» fommes que le fieur Baron de Fages nous doit, dont ci-
» deffous facture.

S A V O I R :

» Une chaîne que M. Loque a fournie, émaillée bleue, » à glands, qu'il a vendue	276 liv.
» Une montre unie de Vaucher, avec » fa chaîne, que d'Étienville avoit. . . .	552
« Montre à répétition, dont le fond eft » perdu, de Vaucher	740
» Chaînes de Vaucher, 300 livres » chaque.	600
» Une chaîne à maille ovale, de Vaucher, .	228
» Une boucle de col & des boutons de » manches, d'or, ...	159
» Plus, deux tabatieres d'or, à M. Loque,	1000
» Deux étuis en or, de Bernard, . . .	400
» Deux bagues à brillans, ...	1200
» Une dite que M. Loque a fournie, .	700
T O T A L	5855 liv.

» A Paris, le 19 Octobre 1785.

Signé, LES FRERES VAUCHER, LOQUE.

D

Cette reconnoiſſance & cette facture écrite & ſignée de la main des ſieurs Vaucher & Loque, ſont des preuves irré-récuſables qu'ils n'ònt rien débourſé pour recouvrer les effets qu'ils ont annoncés ; & que tous les efforts qu'ils font pour perſuader qu'on leur en a fait payer la remiſe, ſont injuſtes & ſans fondement.

Ces trois actes ſouſcrits par mes Adverſaires, dépoſent donc hautement contre les calomnies qu'ils ſe permettent aujourd'hui.

On voit par le premier acte & par la reconnoiſſance de Loque, que moyennant les quatre mille livres payées, & les quatre mille ſix çens à ſolder, je leur donne, 1°. une promeſſe repréſentative des effets évalués huit mille ſix cens vingt-quatre livres ; par leur propre facture ; deſquels effets je ſuis reſté dépóſitaire, en me ſoumettant à les leur re-mettre à leur première réquiſition. 2°. Cinq reconnoiſſances du Mont-de-Piété, portant des effets de la valeur de onze mille livres, engagés ſeulement pour mille écus.

Le nom de la perſonne de qui je tiens ces effets & ces reconnoiſſances n'eſt plus un myſtere.

Les loix & l'honneur, en me dégageant de la promeſſe que j'avois faite à Madame Dalbiſſy de ne la pas nommer, proteſtent contre la fauſſe opinion où l'on eſt que M. de Fages m'en a chargé après la conviction qu'il avoit que ſon ma-riage, n'étoit qu'une fàble imaginée par l'artifice.

Je l'affirme ; ce n'eſt point lui qui me les a cédés pour les vendre par mon entremiſe & par un inſigne abus de confiance aux Propriétaires. Je les ai reçus, comme je l'ai déjà avancé avec verité, de Madame Dalbiſſy.

En auroit-on uſé de la ſorte, ſi on avoit eu le projet de

mettre à contribution ces Marchands? Leur aurois-je rendu une chaîne qui m'avoit été donnée? Aurois-je racheté du sieur Chevalier une montre quatorze louis pour la leur remettre? N'auroit-on pas au contraire souftrait les préfens que Madame Dalbiffy & fa famille ont généreufement rendus dès qu'ils ont été affurés de l'infolvabilité actuelle de M. de Fages?

Ainfi ils font bien éloignés d'être autorifés à fe plaindre de ma médiation.

Elle leur a été au contraire avantageufe.

En voici la preuve.

Ils ont reçu l'obligation que j'ai foufcrite, des effets de valeur de 8624, ci, . . .   8624 liv.

Les cinq reconnoiffances du Mont-de-Piété, pour effets valans   11000

Les effets rendus gratuitement, ...   5855

         T O T A L. . . . .   25479 liv.

Pour faire ce recouvrement, il leur en coûte :

1°. En argent comptant que j'ai reçu,   4000 liv.

2°. En ce qu'ils doivent payer pour retirer les effets dont ils ont une reconnoiffance de moi, ...   4600

3°. En ce qu'ils ont à débourfer pour le prêt du Mont-du-Piété, tant en capital qu'en intérêts, ...   3175

         T O T A L.   11799

Or, qui de   25479

Ote   11799

Il refte . . . .   13680 liv.

Mon procédé a donc répondu aux espérances que j'avois données d'améliorer la situation des sieurs Vaucher & Loque.

Nous avons vu plus haut que l'instant qui a précédé la connoissance que j'ai faite des créanciers du Baron de Fages, venoit de leur assurer la protection du Ministre pour forcer le retour d'un homme qui leur avoit enlevé le gage de leur sûreté.

Le moment qui a suivi mes sollicitations auprès de M. le Comte de Vergennes, contre le sieur d'Étienville, & que j'avois destiné au rétablissement de ma santé, fut employé à mettre en sûreté les effets différens que je pus rassembler à Vineuil, avant mon départ pour la Flandres, & pour qu'ils fussent rendus aux créanciers, à mon retour.

Je viens de démontrer arithmétiquement que mes premieres démarches en France, leur assurent un recouvrement de treize mille six cens quatre-vingt livres.

Le sursis que je sollicitois pour le Baron de Fages, avoit pour objet de mettre leur débiteur en valeur.

En lui conservant son état, & en le mettant à même d'en acquérir un plus avantageux par le secours de ses protections, il auroit pu s'acquitter envers eux.

Que les sieurs Vaucher & Loque expliquent maintenant comment j'ai pu prostituer l'honneur de mon état, & souiller mes mains dans une telle opération, qui leur a toujours été soumise avant d'agir pour les obliger, & d'après leurs pressantes sollicitations.

Mais comment eux-mêmes justifieront-ils leur conduite à mon égard sur les faits perfides dont je vais rendre compte ?

Guidés par un Huissier, les sieurs Vaucher & Loque, en sortant de souscrire les actes que nous avons lus, & qu'ils avoient convoités, ne furent pas honteux d'aller chez un Commiſſaire proteſter contre leur ſignature ; & ils vinrent la veille de Noël me tendre un piége pour m'enlever les effets qui font ma ſûreté de quatre mille ſix cens livres envers Madame d'Albiſſy.

Traveſtis ſous le maſque de la reconnoiſſance, ils ſe préſenterent au nombre de trois, avec une gaieté affectée & des ſacs d'argent, ſous prétexte de finir ; mais dans le vrai pour ſaiſir mon gage, en vertu d'une Ordonnance ſurpriſe à la religion de M. Lieutenant-Criminel.

La prudence qui m'avoit engagé à ne pas laiſſer ces effets dans un hôtel garni, & à les mettre en maiſon ſûre, me ſauva heureuſement de cette perfidie.

C'eſt à ſa ſuite que j'ai fait faire au ſieur Loque & Vaucher des offres réelles ; que j'ai ſollicité l'exécution de mes titres ; que j'ai préſenté Requête à Monſieur le Lieutenant-Civil, pour qu'il me fût permis de vendre les effets qui me font garants de la ſomme de 4,600 livres, & le ſurplus être dépoſé chez un Notaire.

Et c'eſt cette juſte demande contre laquelle déclame le rédacteur du Mémoire, en me reprochant comme une opprobre de ſuivre au Châtelet la permiſſion de vendre à mon profit *. *Page 43 du Mémoire.

Les ſieurs Vaucher & Loque, furieux de s'être fait connoître infructueuſement, pour des hommes qui manquent à la foi de leur engagement, déſeſpérés de n'avoir pu arracher l'objet de leur avidité des mains qui avoient raſſemblé les débris de leur fortune pour les leur rendre, cherchent à ſe venger par la calomnie.

Ils annoncent que j'ai proposé à Bernard, de donner deux cens louis pour r'avoir une partie de ses effets.

Des objets fournis par ce Marchand, les seuls qui fussent en ma disposition, étoient deux Bagues & deux étuis, portés ensemble sur sa facture à cent louis. Comment donc aurois-je pu lui en demander deux cens ? Quelle ab-surdité !

Venons à l'abus que mes calomniateurs osent faire d'un Supplément au Mémoire que j'ai eu l'honneur de donner à Monsieur le Maréchal Prince de Soubise.

Le fait est important, selon le Défenseur de Loque & Vaucher, qui s'en promet la victoire la plus complette.

Comme je ne veux rien diminuer de sa gloire, je vais le copier littéralement.

Mém. page 69.

» Le sieur de Précourt a composé deux versions sur ce » fait, il peut choisir celle qui lui plaira davantage.

» Dans sa reconnoissance donnée aux sieurs Vaucher & » Loque, il déclare que ces bijoux lui ont été vendus, & » qu'il veut bien, pour obliger les Marchands, proprié- » taires de ces bijoux, les leur rendre au même prix ».

» Dans le Mémoire adressé à Monsieur le Maréchal » Prince de Soubise, il déclare que le Baron de Fages » s'est dépouillé des bijoux qui lui restoient, pour les » rendre aux sieurs Vaucher & Loque ».

» Et il ajoute, que lui Précourt en a déjà rendu pour » cinq mille huit cens livres ».

» Sans ajouter qu'il a reçu quatre mille livres pour les » effets rendus ».

» De ces deux cas, auquel le sieur de Précourt veut-il
» s'arrêter ? »

J'adopte les deux versions, parce qu'elles font toutes deux
vraies.

Pour en être convaincu, il suffit de rappeller que dans
les objets que j'ai rendus aux sieurs Vaucher & Loque, les
uns étoient représentatifs des 8600 livres avancées par Madame Dalbiffy, & que les autres provenoient d'un rappott
volontaire, fait de préfens de nôces fans aucun débourfé.

Ce font les premiers dont j'ai parlé dans mon obligation
aux fieurs Vaucher & Loque, lorfque je dis qu'*ils m'ont
été vendus & que je veux bien les leur rendre pour les obliger,
au prix que je les ai achetés.*

Les feconds dont je parle dans le Supplément de mon
Mémoire à Monfieur le Maréchal Prince de Soubife, font
les objets rendus par M. de Fages & par fes amis, fans
aucune rétribution, & qui forment enfemble la fomme
de 5855 livres.

Je n'ai donc pu dire que j'avois reçu quatre mille livres
fur ces derniers effets rendus; parce qu'en effet cette fomme
ne peut être applicable en aucun fens à cette opération.

Je ne fuis donc point en contradiction avec moi-même;
je n'en ai donc point impofé à M. le Maréchal Prince de
Soubife, dans la verfion que je lui ai faite; mais les fieurs
Loque & Vaucher ont trompé le Public dans un Mémoire fait pour l'inftruire.

Ne puis-je pas demander aux fieurs Vaucher & Loque
où ils ont pris un Écrit adreffé à M. le Maréchal Prince de
Soubife ? Chez eux, où ils difent que je l'ai oublié ! Cela

eft faux. Il étoit avec un Écrit du fieur Rouffeau, trouvé dans les papiers de M. l'Abbé de Saint-André, & qui m'a été remis après fa mort. Ces deux pièces faifoient partie d'une liaffe qui m'a été volée un foir que les fieurs Vaucher & Loque ont reftés feuls chez moi..... J'en ai parlé le foir même à ces deux Marchands ; & les inquiétudes que j'ai témoignées alors à mes amis prouvent que je ne parlé pas ici par recrimination.

Sans accufer lés fieurs Loque & Vaucher d'avoir pris chez moi le Supplément adreffé à M. le Maréchal de Soubife, qu'il me foit permis de leur demander qui leur a remis le titre du fieur Rouffeau, qu'ils ont produit dans un procés contre ce jeune homme, & qui étoit avec le Supplément.

Accufé par Vaucher & Loque d'avoir voulu furprendre la bonne-foi de M. le Maréchal Prince de Soubife, à la faveur d'une fourberie tramée fous le nom de Rohan, je dois juftifier ici mes fentimens, comme les motifs de ma démarche.

Il y a plufieurs années que M. le Prince de Soubife m'honorc de fes bontés, & qu'il veut bien protéger un projet qu'il confidére comme utile & glorieux à la nation. Pouvois-je donc fans ingratitude lui cacher une intrigue qui compromettoit fon nom ; & peut-on me faire un crime d'avoir fait des vœux pour qu'il ne tranfpirât pas ?

La fraude qui a rendu public un Mémoire qui ne devoit dans aucun cas, paroître fans la participation de M. le Maréchal, m'oblige aujourd'hui à d'autres aveux. Je les dois à fa délicateffe & à ma propre réputation.

M. le

M. le Maréchal Prince de Soubife, à qui je n'avois point diffimulé dans mon premier Mémoire, l'intérêt que Madame Dalbiffy avoit dans les effets en queftion ; & les raifons qui me déterminoient à le folliciter de me fournir les moyens de les rendre aux fieurs Vaucher & Loque, fans qu'ils en fourniffent valeur, approuva mon zèle; il apprécia mon avis ; mais, perfuadé comme moi-même de l'impofture du mariage propofé par le fieur d'Etienville, il me dit qu'il valoit mieux attendre du tems & des évencmens la juftification qu'il defiroit, plutôt que d'avoir l'air d'acheter une paix honteufe en laiffant fubfifter des foupçons injurieux.

D'après ce principe, M. le Maréchal n'a fait aucun facrifice en faveur des Marchands. Et toute autre tradition fur ce fait eft fans aucun fondement.

Après ma juftification, tirée des faits même de la caufe, ai-je befoin de repouffer la malignité qui a cherché à réveiller les calomnies femées dans un libelle, diftribué fous le nom de Charlemagne, contre M. le Prince de Limbourg?

Je conçois combien l'autorité d'un fauffaire peut fervir à la calomnie, quand il n'eft pas connu. Mais quand les loix ont prononcé contre le coupable, qu'un Ordre entier a févi coñtre le rédacteur, que devient une pareille autorité? J'ai rendu plainte en crime de faux contre Charlemagne; j'ai réfuté fes impoftures dans un Mémoire dont la Confultation eft au nombre de mes Pieces juftificatives, & fignée de célébres Avocats de la Cour. Le Prince augufte (1) qui lui accordoit fa protection l'a abandonné : l'Adminiftration a ceffé

---

(1) Feu M. le Duc d'Orléans.

de lui accorder la grace d'un fauf-conduit, qu'il n'avoit obtenu que d'après mon confentement, ayant levé l'oppofition
que j'y avois faite en vertu de ma créance de plus de
vingt-deux mille livres.

Sur les pourfuites des perfonnes inculpées comme moi
dans fon libelle, Charlemagne a été aumôné, l'Arrêt publié & affiché.

Le Rédacteur du Mémoire, informé que je voulois le
fuivre à l'extraordinaire, fe crut intéreffé, autant par un
principe de probité que de juftice, à me prévenir. Il m'é-
crivit la Lettre fuivante, qui a été publiée dans la partie
politique du Mercure, le 31 Mars 1781.

Elle eft conçue en ces termes :

Monfieur,

« M. Thorillon, votre Procureur, que j'ai eu occa-
fion de voir il y a quelques jours, m'a appris que vous
vouliez vous en prendre à moi relativement aux articles qui
vous concernent dans le Mémoire fur lequel j'ai donné ma
Confultation le 6 Décembre dernier. En même-tems qu'il
m'a porté vos plaintes à ce fujet, il m'a dit qu'en impri-
mant à la fin de ce mémoire les actes paffés devant Me
Collet, Notaire, entre vous & ledit fieur Charlemagne, le
20 Août & le 17 Septembre 1779, on y avoit mis
les qualités de *Grand Chambellan du Roi de Pologne
regnant, & de Grand Chancelier de l'Ordre du Mérite Militaire en la Cour d'Allemagne;* qu'il m'affura n'être point
dans les minutes, non plus que ces mots *en fon hôtel;* m'ajou-

tant qu'après ces qualifications on vous imputoit l'usurpation de qualités que vous n'avez pas prises.

Il me montra les expéditions en forme authentique de ces actes que vous lui avez confiés. Je les confrontai avec l'imprimé, & je vis avec douleur les altérations dont vous vous plaignez.

J'ai été depuis chez Me Collet consulter la minute, qui m'a confirmé de plus en plus l'exactitude des expéditions que m'avoit montrées M. Thorillon.

Par une suite de la même explication il m'a communiqué des pièces d'après lesquelles il m'a convaincu que dès votre première jeunesse, Monsieur, vous vous êtes sans interruption consacré au service Militaire; que vous avez été breveté en 1762 au service de France (1); que lorsque vous êtes passé en Pologne vous étiez muni d'un passeport; qu'après avoir servi cette République vous en êtes revenu avec les certificats les plus honorables, & un brevet de Colonel au service du Roi de Pologne.

M. Thorillon m'a aussi montré un certificat de M. d'Hozier, qui est honorable à votre famille.

Je m'empresse, Monsieur, de vous écrire POUR RENDRE HOMMAGE A LA VÉRITÉ, ET POUR VOUS PROTESTER QUE JE N'AI POINT DE PART AUX DIVERS OBJETS DONT VOUS POUVEZ VOUS PLAINDRE. J'ai l'honneur d'être, &c.

Signé DE VAUX.

Le Certificat de M. d'Hozier, dont on vient de parler, m'avoit été donné à la réquisition de M. le Chancelier, qui

---

(1). J'ai servi dans l'Inde en qualité d'Officier l'année 1746, comme l'attestent mes certificats; & dans les Mousquetaires du Roi, en 1750.

l'avoit chargé d'examiner la validité de mes droits, fur des titres trouvés dans les papiers inventoriés de mes pères, & pour conftater que les lacunes qui s'y rencontroient ne dé-ruifoient point la filiation que je reclamois.

Dans une autre note du même Mémoire des fieurs Vaucher & Loque, on lit, page 37, *le fieur de Précourt eft Comte comme d'Étienville eft Bourgeois de Saint-Omer*, & page 38, ligne 14, fe difant *Chevalier de Saint-Louis & Lieutenant-Colonel.*

Je me dis Chevalier de Saint-Louis, Colonel, & non Lieutenant-Colonel, parce que je tiens ces graces de la bonté du Roi mon maître, & du Roi de Pologne.

On trouvera au nombre de mes pièces juftificatives, n°. 2, mon brevet de Colonel au fervice de Pologne.

Comme il eft en latin, j'ai cru devoir en faire ici la traduction :

» Staniflas Augufte, par la grace de Dieu, Roi de Po-
» logne, Grand Duc de Lithuanie, Ruffie, Pruffe, &c. &c.

» Faifons favoir par ces préfentes lettres à tous & un
» chacun qu'il appartiendra, qu'ayant en recommandation
» l'expérience que s'eft acquife à la guerre le brave François
» Duhamel, Comte de Précourt; nous avons jugé à-propos de
» lui donner & conférer le grade de Colonel dans nos armées,
» comme par ces préfentes nous le lui donnons & conférons,
» avec tous les droits, prérogatives, fonctions militaires, &
» immunités, qui de droit & de coutumes appartiennent au-
» dit titre & grade, pour en jouir pendant toute fa vie, juf-
» qu'à ce qu'il paffe à un autre grade fupérieur; ce que vou-
» lant être connu de tous ceux qu'il appartient, notamment
» des Généraux de nos armées. . . . .
» . . . .

» En foi de quoi nous avons fait fceller du fceau de notre
» Royaume, ces préfentes fignées de notre main, le qua‑
» torzième jour du mois de Novembre, l'an de N. S.
» 1772, & le douzième de notre règne. *Signé*, STANIS‑
» LAS AUGUSTE, Roi, & fcellé du grand Sceau; *Signé*,
» ANTOINE SILLORSKI ».

Cette faveur du Roi de Pologne, qui honore fa bienfaifance, envers ceux auxquels il croit de l'émulation, fut le fruit de ma conduite pendant la guerre en Pologne, comme on peut s'en affurer par mes certificats qui font au nombre de mes Pièces juftificatives. Cette grace eft d'autant moins fufpecte, qu'elle m'a été accordée à la paix, & après avoir porté les armes dans la confédération contre Sa Majefté. Rien ne flatte plus que les graces & les éloges qui viennent d'un ennemi généreux.

La Croix de Saint-Louis que je porte & que j'ai obtenue fous un Miniftre qui ne les prodigue pas, me difpenfe d'autres preuves.

Mais qu'importe à l'affaire des fieurs Loque & Vaucher, qu'un homme qui n'eft que médiateur à leur follicitation, foit Comte ou Chevalier, Caporal ou Colonel ? Il me femble que la conduite que j'ai tenue doit faire le fond de la Caufe.

Il me refte à demander au Confeil des fieurs Vaucher & Loque, qui a judicieufement indiqué la peine que mériteroit un Officier coupable du délit dont il m'a accufé fans preuve, quelle peut être la réparation affez éclatante pour un Militaire outragé dans fon honneur, & qui a donné des preuves de la pureté de fes fentimens & de fa conduite. C'eft fur quoi je prie les Jurifconfultes de m'éclairer de leurs lumieres.

Signé DUHAMEL DE PRÉCOURT.

CONSULTATION.

Le Conseil soussigné, après la lecture du Mémoire rédigé par le Comte de Précourt lui-même, & des Originaux des Pieces qui y sont énoncées :

Estime que sa justification est aussi complette qu'elle peut l'être, dans une affaire où n'ayant aucun intérêt direct, il n'a agi que pour obliger d'abord le Baron de Fages à la recommandation de Madame Dalbiffy, ensuite Madame Dalbiffy elle-même ; & enfin les sieurs Vaucher & Loque, à leur propre follicitation. Il est donc bien fondé à conclure à ce que les imputations calomnieufes, répandues contre lui, dans les différens Mémoires des Parties, soient supprimées, comme injurieufes à son honneur & à sa réputation ; qu'il soit fait défenses auxdits sieurs Vaucher & Loque de récidiver, sous telles peines qu'il appartiendra ; à ce qu'ils soient condamnés en des dommages & intérêts, applicables de son consentement au pain des prisonniers ; & qu'il soit ordonné que l'Arrêt à intervenir sera publié & affiché, sous la réserve de toutes autres conclusions.

Délibéré à Paris, le 27 Mai 1786, THÉTION, THÉTION, fils, BITOUZÉ DESLIGNIERES, SABAROT, FABRE, SANNIER.

PIECES
JUSTIFICATIVES.

N°. I.

LETTRE MINISTÉRIELLE

De M. le Duc de Choiseul.

Verſailles, le 13 Juin 1770.

D'APRÈS les témoignages que j'ai rendus au Roi de vos ſervices, Monſieur, Sa Majeſté a bien voulu vous accorder le grade de Colonel à la ſuite de ſes Troupes-Légeres; & à votre retour de Pologne, vous jouirez des avantages qui y ſont attachés.

J'ai l'honneur d'être, Monſieur, Votre affectionné ſerviteur.
Signé, le Duc DE CHOISEUL.

M. Duhamel de Précourt, Colonel au ſervice de Pologne.

N°. 2.

BREVET DU ROI DE POLOGNE.

STANISLAUS AUGUSTUS, DEI GRATIA REX POLONIÆ, Magnus Dux Lithuaniæ, Ruſſiæ, Pruſſiæ, Maſoviæ, Samogitiæ, Kyoviæ, Vothyniæ, Podoliæ, Podlachiæ, Livoniæ, Smolenſciæ, Severiæ, Czerniechoviæquè.

SIGNIFICAMUS, preſentibus litteris noſtris quorum intereſt, univerſis & ſingulis, quia nos recomendatam habentes generoſi Franciſci Duhamel, comitis de Précourt, in re Militari, experientiam faciendum eſſe duximus, ut ipſi officium Colonelli, in exercitu Regni noſtri daremus et conferremus, prout quidem præſentibus litteris noſtris, cum omnibus Juribus, prærogativis, Muniis militaribus, immutabile de lege & antiqua Praxi ad hocce Officium pertinentibus, ad extrema vitæ ſuæ tempora, vel altioris alicujus Officii aſſecutionem tenendum, habendum & obeundum damus & conferimus. Quod omnibus quorum intereſt præſertim vero magnificis

exercituum regni noſtri Ducibus, tum magnificis ac generoſis Concilii Bellici à Repu-
blicâ Conſtitutis, Commiſſariis, Generalibus, Colonellis, Vice-Colonellis, aliiſ-
que majoribus & minoribus Officialibus, univerſæque Militiæ regni noſtri notum
eſſe volentes, mandamus quatenus præfatum generoſum Franciſcum Duhamel, ab
hinc pro vero legitimo & actuali Colonello in exercitu regni noſtri habeant, no-
minent & agnoſcant ; eique de loco Juribus, Prerogativis hoc ce Officium concer-
nentibus & ipſi reſpondent & ab aliis reſponderi curent, pro gratia noſtra. In quorum fidem preſentes manu noſtra ſubſcriptas ſigillo Regni communiri juſſimus.
Datum Varſoviæ, xiv mensis Novembris, anno Domini M. D. C. C. LXXV, Regni
verò noſtri XII anno.

Officium Colonelli, in Exercitu Regni,
Generoſo Franciſco Duhamel, Com.
de Précourt datur.

STANISLAUS AUGUSTUS, Rex.

Antonius Sillorlhi, S. R. M. &
Sigilli majoris Regni Secretarius.

N°. 3.

CERTIFICAT

DU PRINCE GÉNÉRAL LUBOMIRSKI,

Commandant l'Armée à Rechouvf & à Rzeminr.

GEORGE MARTIN, Comte de Wiſnies & Jaroſtauv en grande Pologne,
Haut & puiſſant Seigneur de Lubar, & Bar, de Holbuſzona & Grodzisko, Prince
du Saint Empire Romain, Lieutenant-Général des Armées de la République de
Pologne, Chevalier des Ordres de Saint-Hubert, & propriétaire du Régiment de
ſon nom ; certifions & atteſtons que François Duhamel, Comte de Précourt,
Colonel de la Séréniſſime République de Pologne, Commandant le Régiment de
notre nom, a ſervi ſous nos ordres l'eſpace de cinq ans, pendant les trouble:
de notre patrie, & que pendant ledit tems, il nous a donné des preuves de
ſa valeur, prudence & capacité, ſoit dans les différentes négociations où il
été employé, ſoit à la teſte de nos armées, notamment à la bataille de Rze-
zoir, gagnée ſur nos ennemis, & à la retraite de Rzemien, où ledit Color.
ſe comporta avec tant de ſageſſe & d'intrépidité, que l'honneur de la victoir
& le ſalut de l'armée doivent lui eſtre reputés. En foi de quoi nous avons ſigné
le 15 Juin 1775. GEORGIUS FURST PRINCEPS LUBOMIRSKI. Gen. Leut.

A l'affaire de Rechow.

N°. 4.

Kazimierz na pulaziu, rostrcha, grabowie, y dera-
zniach pulaski, ziemi lomzynskiey zxiestwa mazowiec-
kiego marszalek, roznych dywizyi woyska skonfede-
rowanego y fortecy iasnogorskiey generalny kom-
mendant.

Significamus & ateſtamus hoc preſenti ſcripto quibus ſibit generoſum Franciſcum
Duhamel de Précourt, Colonellum pro nobilis Reipublicæ Poloniæ, causâ impe-
rantem Legioni Principis Martini Lubomirski, adventim approbante hoc illuſtri
Principe & permiſſione illius manû ſuſcripta, & accipiendum imperium nobis im-
perantibus ſcilicet oppide & arcis Czenſtehowiæ. Ut Dux & Inſpector Generalis
arcis exercitumque noſtrorum nobis dedit indicia animi, capacitatis, virtutis &
prudentiæ proſertim per duas agreſſiones Ruſſianorum. Czenſtekowiam ubi gé-
neroſus Franciſcus Duhamel de Précourt, conſiliis, virtute & experientia hoſtes
coegit ad ſedem ſolvendam poſt magnam ſedem & jactevant armorum quin etiam
in urbe Raviæ, ubi illuſtris Colonellus cum octoginta draçonibus militibus, tantum
vixit centum quatuor coſa quos imperante Colonello Drevis & multos vinctoſ
fecit, pro cujus ſcripti gratia nomen ſubſcripſi pro illino ubi tuo. Datum Czenſ-
tekowiæ, die VI Aprilis, anno Domini M. D. C. C. LXXII.

PULASKI.

N°. 5.

E X T R A I T

DE LA CONSULTATION

A la ſuite du Mémoire de M. Duhamel de Précourt, contre
Charlemagne.

LE CONSEIL soussigné, après avoir examiné attentivement les
pieces énoncées au mémoire ci-deſſus, & qui y ont été jointes; & après avoir
vérifié, par la confrontation des originaux, les altérations & falſifications dont
ſe plaint le ſieur Duhamel, Comte de Précourt :

E

Estime, 1°. que la nature des créances dont il s'agit, est au-dessus de tout soupçon. Les sommes, dont l'origine est prouvée, ont été bien réellement fournies par le sieur Duhamel ; & elles ont tourné au profit ou à la libération de Charlemagne & de son épouse. L'un & l'autre l'ont reconnu par des conventions réfléchies & répétées : ils ont même témoigné par écrit, long-temps après les dernieres conventions, le sentiment de leur reconnoissance, pour les actes d'humanité qu'ils avoient éprouvés de leur créancier dans les conjonctures les plus critiques.

La demande formée au Châtelet par le sieur Duhamel, en exécution des actes des 20 Août & 17 Septembre 1779, est donc de la classe de celles que la Justice accueille ; & rien ne peut détruire les titres qui constituent les sieur & dame Charlemagne, ses débiteurs solidaires de la somme de 22,137 livres.

2°. Loin que les allégations, absolument étrangeres aux prêts généreux du sieur Duhamel, puissent autoriser ses débiteurs à en éluder le payement, il est évident qu'ils font aujourd'hui un rôle odieux, en diffamant & ses créances & sa personne, pour empêcher sa juste réclamation. Et quand on leur voit joindre à ce trait d'ingratitude, des falsifications de pieces, pour inculper aux yeux du Public le sieur Duhamel ; une telle conduite de leur part autorise leur créancier à suivre la voie extraordinaire qu'il a prise, à l'effet de se faire adjuger les réparations telles que de droit : il peut même demander la jonction du Ministere public, pour rendre ces réparations plus solemnelles, & faire réprimer des diffamations & falsifications si punissables.

3°. Il est également sensible, que, selon l'équité & les Loix, le sieur Duhamel doit être excepté du sauf-conduit sollicité par le sieur Charlemagne. &c....,

Délibéré à Paris le 10 Janvier 1782. Signé, Doutremont, Aubry, Dandasne, Briquet de Mercy, Calliere de l'Estang, Collet, Beaucousin.

N°. 6.

QUITTANCE DE Mme. D'ALBISSY.

J'ai reçu de M. Duhamel de Précourt, la somme de quatre mille livres, à compte sur celle de huit mille six cents livres, qu'il a bien voulu se charger de me faire rentrer sur divers bijoux vendus par MM. Loque, Bernard & Vaucher à M le Baron de Fages, & que j'avois rachetés pour obliger ledit sieur de Fages.

A Vineuil, ce 21 Octobre 1785. *Signé,* Soullier d'Albissy.

Me Bitouzé Deslignieres, Avocat.

je dis à mon Conseil que je ne croyois pas que l'on eût apposé les scellés chez moi ; le fait paroissoit invraisemblable ; mais enfin il fut vérifié, & mon conseil fut contraint d'avouer que mes doutes étoient fondés.

Je me rappellai l'argent comptant & les billets de caisse qui devoient se trouver dans mon secrétaire, & fis tenir à mon Procureur l'Ecrit que voici.

ETAT de l'argent comptant, effets & papiers étant en mon secrétaire, que j'affirme sincère & véritable.

1º. Dans la partie supérieure de mon sécretaire, quinze rouleaux de cinquante doubles louis chaque, cachetés de mon cachet.

2º. Un sac de toile brune contenant 1,233 sequins, tant Vénitiens que Romains.

3º. 24 Quadruples d'Espagne, réunis dans un rouleau cacheté de mon cachet.

4º. Deux porte-feuilles, un rouge & un verd.

Dans le rouge sont des certificats de domestiques & autres papiers.

Dans le verd sont 47 billets de la caisse d'escompte, de 1000 liv. chacun, & différents papiers en latin & en langues étrangères.

Dans le même secrétaire sont &c.

Approuvé l'écriture & certifié le présent Etat sincère & véritable, à Paris le 27 Février 1786 ; signé *le Comte de Cagliostro.*

Indépendamment des sommes qui se trouvoient dans mon secrétaire, il devoit y avoir entre les mains de ma femme 3 à 4,000 l., destinées aux dépenses courantes ; mais, n'étant pas sûr du montant de la somme, je ne voulus point qu'il en fût fait mention dans un État certifié de moi.

Mon Conseil me parut très-inquiet: je lui racontai l'histoire du carton que l'on m'avoit montré sans vouloir l'ouvrir, & dans lequel je présumois que se trouvoient mon argent & mes effets les plus précieux. Cela ne contribua pas à le tranquilliser. Il crut devoir prendre quelques informations. Le Gouverneur de la Bastille, à qui l'on demanda si en effet il avoit entre ses mains plusieurs rouleaux, des billets de caisse &c. répondit mystérieusement que le carton ne contenoit que deux roulleaux de 25 doubles louis & quelques bijoux.

Il me fut impossible alors de résister à mes craintes. Je présentai le 27 Février, une Requête au Parlement, par laquelle je demandois qu'il lui plût commettre un de Messieurs à l'effet d'apposer dans le jour les scellés sur mes effets, & de dresser procès-verbal des papiers & de l'argent comptant qui pourroient s'y trouver, le tout à mes frais, & aux risques, péril & fortune de qui il appartiendroit.

Le Parlement étant alors en vacances, à cause des jours gras, & M. le Premier Président se trouvant absent, Me. Brazon, mon Procureur, se présenta en l'Hôtel de M. le Président d'Ormesson, qui, sur l'exposé du fait, ne crut pas devoir refuser une Ordonnance de *committitur.*

M. Dupuis de Marcé, qui avoit été commis par M. le Président d'Ormesson ne jugea pas à propos d'exécuter cette Ordonnance; il voulut que la Requête fût préalablement communiquée à M. le Procureur-général & rapportée à la Chambre. La Requête fut en effet communiquée à M. le Procureur-général; mais ce Magistrat, par des motifs supérieurs, crut devoir conclure à ce que je fusse débouté de ma Demande. Ma Requête ne fut pas même rapportée.

Lors des confrontations, je fis part à M. Dupuis de Marcé de mes inquiétudes, & lui demandai respectueusement les raisons qui avoient pu déterminer le Parlement à ne pas s'occuper de ma Requête. M. Dupuis de Marcé me répondit que je devois être tranquille, & que je retrouverois tous mes effets.

J'avois de la peine à concilier la promesse qui m'étoit faite avec la réponse du Gouverneur; cependant, comme il étoit possible que ce dernier, obligé par sa place de garder le plus profond secret sur ce qui concerne ses Prisonniers, eût déguisé la vérité dans cette circonstance, je pris patience & attendis l'événement.

Mon intention étoit, après le Procès fini & lorsque je sortirois de la Bastille, de requérir la présence d'un Commissaire, à l'effet de faire constater la non - apposition de scellés, & l'Etat de l'argent & des papiers qui pourroient se trouver chez moi.

Un événement bien cher à mon cœur, bien fait pour adoucir mes peines, m'a empêché d'exécuter cette résolution.

On se rappelle la maladie dangereuse qui attaqua, à la Bastille, les jours de mon épouse, l'impression que fit sur moi cette nouvelle allarmante, la Requête que je présentai aux Chambres Assemblées, les nobles efforts d'un Magistrat (1) aussi célébre par son éloquence que par son cou-

____

(1) M. d'Éprémesnil.

rage, & dont le nom fera toujours cher à mon cœur, à réfolution prife par le Parlement d'employer près de Sa Majefté les bons offices les plus efficaces, le fuccès dont cette réfolution fut fuivie, & les bénédictions que le Public donna à la générofité du premier Sénat du Royaume & à l'humanité d'un Roi toujours jufte, lorfque la Vérité peut parvenir jufqu'à lui.

La Comteffe de Caglioftro eft fortie de la Baftille le 26 Mars. Le Gouverneur avoit eu l'attention d'envoyer dès le matin à mes Domeftiques la clef de l'Appartement, pour que ma femme le trouvât préparé pour la recevoir. Cette attention du fieur de Launay fut caufe que la Comteffe de Caglioftro, avant de rentrer chez elle, ne put pas requérir le tranfport d'un Commiffaire, ainfi qu'elle l'auroit fait fi le fieur de Launay, moins prévenant, lui eût remis à elle-même les clefs de l'Appartement.

Le premier foin de la Comteffe de Caglioftro fut de vérifier ce qui étoit dans mon Secrétaire. Le porte-feuille verd avoit difparu; elle n'y trouva ni argent ni billets de caiffe, mais feulement quelques papiers peu importants & des médicaments.

Mes nouveaux Juges verront dans ma Requête d'Atté-nuation qui fera jointe au préfent Mémoire, la manière dont le fieur de Launay s'étoit conduit lors de la fortie de la Comteffe de Caglioftro; le reçu qu'il avoit exigé d'elle; la promeffe qu'il lui avoit faite de lui renvoyer, fous trois jours, les effets renfermés dans le carton; la violation de cette promeffe; les démarches multipliées faites auprès de lui pen-dant deux mois, leur inutilité, & la néceffité dans laquelle je m'étois trouvé de dénoncer aux Magiftrats & au Public des faits qu'il étoit très-important pour moi de conftater avant le jugement.

Ce moment fi défiré arrive enfin; le Rapport commence; les Accufés font conduits aux pieds de leurs Juges; les opinions s'ouvrent, le peuple accourt en foule, impatient de fçavoir fi le Parlement confirmera le jugement que l'Europe a déjà prononcé.

Les Juges fe féparent; l'Arrêt eft rendu; il vole de bouche en bouche; les cris de *vive le Roi* fe font entendre; les Membres du Parlement entourés, preffés, applaudis font couronnés de fleurs; une acclamation univerfelle s'éléve, & le Prélat couvert de la Pourpre Romaine eft reconduit en triomphe jufqu'aux portes de la Baftille qui s'ouvrent encore une fois pour le recevoir, mais qui bien-tôt s'ouvriront pour le rendre aux vœux d'un Public fenfible qui partage fa gloire, après avoir partagé fes malheurs.

Et moi qu'une fatalité inconcevable lia toujours au fort de cet illuftre infortuné, moi innocent comme lui, emprifonné, décrété, calomnié comme lui, moi qui comme lui obtins une Décharge honorable (1) de la juftice des Magiftrats, après avoir, comme lui, obtenu de leur humanité, de ne point partager le féjour des coupables, moi qui fuis forti de la Baftille en même-temps que lui, moi enfin qui comme lui devois bientôt recevoir l'ordre d'un exil rigoureux, j'ai eu auffi ma part des fuffrages du Peuple.

Cet Arrêt, vraiment célébre, vraiment glorieux pour le

____

(1) M. le Cardinal de Rohan & moi avons été déchargés de l'Accufation avec impreffion & affiche de l'Arrêt ; & les Mémoires de la Dame de la Motte ont été fupprimés comme injurieux & calomnieux en ce qui nous concernoit.

Parlement & pour la Nation, a été rendu le 31 Maï à 9 heures du soir.

Le lendemain, à la même heure, j'ai reçu la nouvelle de ma liberté.

Descendu dans la Salle du Conseil, je m'y suis trouvé seul avec le Gouverneur & le Commissaire Chesnon fils. Un carton enveloppé de rubans étoit sur la table. Le Commissaire a débuté par me réprimander d'une manière peu civile au sujet des craintes que j'avois annoncées & des réserves que j'avois faites dans ma dernière Requête. Je me trouvois par hazard avoir ma canne à la main. Une attitude énergique que je pris involontairement dans l'instant même, fit comprendre au Commissaire que tout Prisonnier que j'étois encore, je ne me laisserois pas insulter impunément. Le Gouverneur se mit entre nous, & chacun prit le ton qu'il devoit prendre.

Reconnoissez-vous ce carton, dit le Commissaire en se radoucissant ? — Non. Et le ruban qui l'entoure ? — Point. Et le cachet ? — Encore moins. Sçachez que c'est le nôtre. — Que m'importe ? Cet autre cachet, du moins vous le connoissez ? Non. C'est votre Epouse qui l'a mis. — Cela se peut. Sçavez-vous ce que contient ce carton ? — Non. C'est votre argent & vos diamants. — Peut-être. Il contient aussi un Etat en régle de vos effets. — Je le désire. Vous devez le croire. — Quand je le verrai. Nous vous le jurons sûr notre honneur. — C'est beaucoup. Voulez-vous qu'on vous l'ouvre ? — Comme il vous plaira.

Le Gouverneur prit alors une paire de ciseaux, coupa le ruban qui tenoit le carton fermé, l'ouvrit & l'Etat ne s'y trouva pas. Le Commissaire & le Gouverneur parurent très-étonnés ; le Gouverneur sur-tout ne pouvoit pas en revenir. C'étoit une chofe incroyable; il auroit donné la moitié de fa fortune pour que cela ne fût pas arrivé.

Je les laiffai donner un libre cours à leurs exclamations. J'aurois pu m'en permettre de plus fondées; je gardai le filence; &, lorfque j'ouvris la bouche, ce fut pour leur dire avec le plus grand fang-froid que j'étois prêt à recevoir ce qu'il y avoit dans le carton, à condition que je ne donnerois point une décharge générale, mais feulement une décharge particulière & détaillée de tous les objets qui me feroient rendus. Le Gouverneur & le Commiffaire voulurent bien foufcrire à cette condition.

J'acquis alors la trifte certitude que le porte - feuille & les 100,000 livres ou environ qui fe trouvoient dans mon fecrétaire, lors de ma détention, avoient été fouftraits, ou par la faute du Commiffaire qui n'avoit pas mis les fcellés chez moi & qui n'avoit point dreffé de Procès-verbal des fommes d'argent, billets & autres effets précieux dont il s'emparoit, ou par la faute du Gouverneur qui avoit mal gardé le carton dont il étoit dépofitaire.

Je quittai enfin l'affreux féjour de la Baftille vers les onze heures & demie du foir, après neuf mois & neuf jours de captivité; un Fiacre me conduit dans ma maifon. Il y avoit tout au plus deux heures que ma femme avoit eu la nouvelle de ma liberté. La nuit étoit obfcure, le quartier que j'habite peu fréquenté. J'étois charmé de pouvoir arriver tranquillement & fans caufer aucune fenfation.

Quelle fut ma furprife de m'entendre faluer par les acclamations de huit à dix mille perfonnes. On avoit forcé ma porte. La cour, les efcaliers, les appartements, tout étoit plein. Je fuis porté jufques dans les bras de ma femme.

Mon cœur ne peut fuffire à tous les fentiments qui s'en difputent l'empire; mes genoux fe dérobent fous moi; je tombe fur le parquet fans connoiffance. Ma femme jette un cri perçant, & s'évanouit. Nos amis tremblans s'empreffent autour de nous, incertains fi le plus beau moment de notre vie n'en fera pas le dernier. L'inquiétude fe communique de proche en proche. Le bruit des tambours ne fe fait plus entendre. Un morne filence a remplacé la joie bruyante. Après un long évanouiffement, je renais. Un torrent de larmes s'échappe de mes yeux, & je puis enfin, fans mourir, preffer contre mon fein....... je m'arrête. O vous, êtres privilégiés à qui le Ciel fit le préfent rare & funefte d'une âme ardente & d'un cœur fenfible, vous qui connûtes les délices d'un premier amour, vous feuls pouvez m'entendre; vous feuls pouvez apprécier ce qu'eft, après dix mois de fupplice, le premier inftant du bonheur.

Cependant la foule s'augmente. On apprend que ma femme & moi fommes rendus à la vie. De nouvelles acclamations fe font entendre. On nous appelle à grands cris. Nos amis nous entraînent. Comment réfifter à cette aimable violence, comment fe refufer aux effufions de la joie populaire? Il nous fallut recevoir les applaudiffements & les bénédictions d'une multitude, que notre bonheur raffembloit & rendoit heureufe. Bon Peuple! Ah, fans doute, vous deviez partager la joie dont vous pénétriez mon cœur; le triomphe de l'innocence eft le commencement de la félicité publique.

Momens délicieux, vous avez bien peu duré! Le jour le plus défaftreux devoit fuccéder à la plus belle des nuits. Ce triomphe fi doux, fi chèrement acheté, n'étoit qu'une illufion.